BEI GRIN MACHT SICH IHR WISSEN BEZAHLT

- Wir veröffentlichen Ihre Hausarbeit, Bachelor- und Masterarbeit

- Ihr eigenes eBook und Buch - weltweit in allen wichtigen Shops

- Verdienen Sie an jedem Verkauf

Jetzt bei www.GRIN.com hochladen und kostenlos publizieren

Bibliografische Information der Deutschen Nationalbibliothek:

Die Deutsche Bibliothek verzeichnet diese Publikation in der Deutschen National-bibliografie; detaillierte bibliografische Daten sind im Internet über http://dnb.d-nb.de/ abrufbar.

Dieses Werk sowie alle darin enthaltenen einzelnen Beiträge und Abbildungen sind urheberrechtlich geschützt. Jede Verwertung, die nicht ausdrücklich vom Urheberrechtsschutz zugelassen ist, bedarf der vorherigen Zustimmung des Verlages. Das gilt insbesondere für Vervielfältigungen, Bearbeitungen, Übersetzungen, Mikroverfilmungen, Auswertungen durch Datenbanken und für die Einspeicherung und Verarbeitung in elektronische Systeme. Alle Rechte, auch die des auszugsweisen Nachdrucks, der fotomechanischen Wiedergabe (einschließlich Mikrokopie) sowie der Auswertung durch Datenbanken oder ähnliche Einrichtungen, vorbehalten.

Impressum:

Copyright © 2016 GRIN Verlag
Druck und Bindung: Books on Demand GmbH, Norderstedt Germany
ISBN: 9783668647176

Dieses Buch bei GRIN:

https://www.grin.com/document/412354

Helen Kohm

Die schriftliche Falldokumentation. Psychologische Diagnostik und Testverfahren

GRIN Verlag

GRIN - Your knowledge has value

Der GRIN Verlag publiziert seit 1998 wissenschaftliche Arbeiten von Studenten, Hochschullehrern und anderen Akademikern als eBook und gedrucktes Buch. Die Verlagswebsite www.grin.com ist die ideale Plattform zur Veröffentlichung von Hausarbeiten, Abschlussarbeiten, wissenschaftlichen Aufsätzen, Dissertationen und Fachbüchern.

Besuchen Sie uns im Internet:

http://www.grin.com/

http://www.facebook.com/grincom

http://www.twitter.com/grin_com

IB Hochschule Berlin, Hauptstätter Straße 119-121, 70178 Stuttgart
Angewandte Psychologie
Modul 3.14 Psychologische Diagnostik und Testverfahren

Hausarbeit

Schriftliche Falldokumentation

Kohm, Helen
Abgabedatum: 31. März 2016
WS 2014/2015

Inhaltsverzeichnis

1. Einleitung...1
2. Falldarstellung..2
3. Fragestellung..2
4. Anamnese...2
5. Verhaltensbeobachtung...3
6. Testpsychologische Untersuchung...4
    6.1 Beschreibung der ausgewählten Testverfahren......................................4
        6.1.1 Hamburg-Wechsler-Intelligenztest für Kinder................................4
        6.1.2 Stanford-Binet-Test...5
        6.1.3 Kaufman-Assessment Battery for Children.....................................5
    6.2 Testgütekriterien...5
7. Zusammenfassung..6
8. Einschätzung des Lernerfolgs im Bereich psychologische Diagnostik......7
9. Literaturverzeichnis..8

1. Einleitung

Die psychologische Diagnostik spielt in der Psychologie eine nicht unerhebliche Rolle, da mit Hilfe von standardisierten Testverfahren Fragestellungen hinsichtlich des menschlichen Verhaltens geklärt und gegebenenfalls vorhergesagt werden können. Die Diagnostik kommt in vielen verschiedenen Bereichen der Psychologie zum Einsatz, etwa in der Personalauswahl oder in der Therapie, wo mit Hilfe diagnostischer Verfahren Maßnahmen zur Therapie festgelegt werden können. Der diagnostische Prozess beinhaltet eine Vielzahl von relevanten Aspekten, die beachtet werden müssen, so etwa ethische und rechtliche Rahmenbedingungen. Auch statistische Verfahren spielen eine wichtige Rolle, etwa zur Überprüfung der Gütekriterien eines Testverfahrens.

Beispiele für diagnostische Fragestellungen finden sich etwa im Bereich der pädagogischen Psychologie, wo mithilfe von diagnostischen Tests beispielsweise der Leistungsstand eines Kindes oder dessen Intelligenz festgestellt werden kann, aber auch Verhaltensauffälligkeiten überprüft und benannt werden können.

Ziel der psychologischen Diagnostik ist es, zunächst zu prüfen, ob eine Intervention vonnöten ist, um dann passende Möglichkeiten in Erwägung zu ziehen und diese anzuwenden. Hierbei ist die Auswahl des passenden Testverfahrens maßgeblich für eine treffende Beurteilung des Klienten.

Im Folgenden soll nun ein psychologisches Fallbeispiel aus dem Bereich der pädagogischen Psychologie aufgezeigt und mithilfe der erlernten diagnostischen Verfahren ausgearbeitet werden.

2. Falldarstellung

Der siebenjährige Leon besucht die erste Klasse einer Grundschule und befindet sich derzeit kurz vor Beginn des zweiten Halbjahrs. Er beschwert sich häufig darüber, dass der Unterricht langweilig sei und ihn die vielen Wiederholungen störten. Die Klassenlehrerin von Leon berichtet, dass er häufig den Unterricht störe, da er den Klassenclown spiele und unkonzentriert sei. Auch zeige er undiszipliniertes Verhalten und erledige vielfach die ihm aufgegebenen Hausaufgaben nicht. Jedoch erwähnt sie gleichzeitig, dass Leon bereits das kleine Einmaleins rechnen könne und seinen Mitschülern häufig die Lösungen zu gestellten Aufgaben verrate bzw. ihnen erkläre, wie die Aufgabe zu lösen sei. Auch erzählt die Lehrerin, dass sie die Vermutung habe, Leon könnte hochbegabt sein.

Leons Mutter berichtet, dass er bereits mit drei Jahren die Zahlen bis 1000 kannte, mit vier Jahren multiplizieren und dividieren und mit sechs Jahren – also kurz vor der Einschulung – lesen konnte. Er beschwere sich außerdem andauernd über Langeweile während der Schulstunden und brauche seit einiger Zeit zwei oder mehr Stunden zur Erledigung seiner Hausaufgaben. Leon interessiere sich zudem sehr für Computer und habe Interesse daran, im Internet nach Informationen über für ihn interessante Themen zu suchen, außerdem nehme er regelmäßig an Schachturnieren teil.

3. Fragestellung

Die Falldarstellung und Beschreibung der Schulsituation Leons lässt die Frage nach einer Hochbegabung zu, da die früh erlernten Kenntnisse über Mathematik und Lesen für eine überdurchschnittliche Begabung sprechen und auch die Lehrerin bereits die Vermutung äußerte. Um festzustellen, ob Leon hochbegabt oder eventuell Overachiever ist, sind weitere diagnostische Verfahren notwendig, etwa die Anwendung von Intelligenztests. Seitens der Lehrerin wurde ein Klassenwechsel in die nächsthöhere Klassenstufe vorgeschlagen; auch die Frage nach einem Schulwechsel stehe im Raum.

4. Anamnese

Leons Mutter beschreibt Leon als ein sehr aufgewecktes und wissbegieriges Kind, das schon auffallend früh mit Zahlen habe umgehen und lesen können. Leons Entwicklung sei ansonsten unauffällig gewesen; die körperliche Entwicklung sei altersgemäß von statten gegangen und auch emotional sei Leon „wie andere Kinder auch". Leon sei ein Einzelkind, so berichtet die Mutter weiter, und in einer harmonischen und liebevollen Umgebung aufgewachsen, da sich beide Elternteile viel Zeit für ihn genommen hätten und auch die Großeltern regelmäßigen Kontakt zu ihrem Enkel pflegten. Im Kindergarten sei Leon aufgeweckt, interessiert und wissbegierig gewesen und habe sich auch zuhause weitergebildet, indem er seine Eltern mit Fragen bombardiert und schon früh eine Begeisterung für Bücher und Zeitungen entwickelt habe.

Leon habe vor der Einschulung große Begeisterung für die Schule gezeigt und wäre aufgeregt gewesen, doch nach den ersten Wochen habe diese Begeisterung abrupt nachgelassen und er habe begonnen, von Langeweile und „nervigen Wiederholungen" zu sprechen. Die Hausarbeiten erledige er seither widerwillig, freudlos und unmotiviert, außerdem lasse er sich während der Erledigung der Aufgaben schnell von anderen Dingen ablenken. Besonders begeistern lasse Leon sich vom Schachspielen und den Besuchen von Schachturnieren, außerdem zeige er große Freude an der Erledigung von Sudoku-Rätseln. Davon abgesehen sei Leon ein sehr freundliches, einfühlsames und umgängliches Kind, so berichtet die Mutter.

Leons Lehrerin berichtet, dass er während des Unterrichts die anderen Kinder und sie massiv störe, da er unaufmerksam, unruhig und undiszipliniert sei und den Klassenclown spiele. Auch die häufig fehlenden Hausaufgaben seien ebenso ein Störfaktor wie die Tatsache, dass Leon seinen Klassenkameraden regelmäßig die Lösungen für von ihr gestellte Aufgaben vorsage und erkläre. Einen Klassen- oder Schulwechsel hält sie für angemessen.

5. Verhaltensbeobachtung

Leon zeigt sich höflich, sehr interessiert und wissbegierig während des Erstkontakts. Seiner Mutter gegenüber verhält er sich hilfsbereit und befolgt die ihm gestellten Aufgaben im Haushalt. Der Aufforderung, seine Hausaufgaben zu erledigen, geht er zunächst nicht nach; nach erneuter Aufforderung begibt er sich - allerdings widerwillig – in sein Zimmer und beginnt, seine Unterlagen auszubreiten. Zunächst sucht er lange nach seinen Materialien, liest in seinem Hausaufgabenheft und spielt mit seinen Stiften. Nach Beginn der ersten Aufgabe arbeitet er konzentriert und zügig, jedoch schweift er häufig ab, schaut aus dem Fenster oder malt, statt zu arbeiten. Die Aufgaben scheinen ihm nicht schwer zu fallen, eher das Gegenteil ist der Fall. Jedoch führt die abfallende

Fokussierung dazu, dass die Erledigung der Aufgaben einen immensen Zeitaufwand fordert, was Leon schnell frustriert; er verliert die Lust und das Interesse, weiterzuarbeiten und lässt die Aufgaben schließlich unvollständig bearbeitet. Seiner Mutter sagt er, er habe alles erledigt.

Leons Verhalten bezüglich der Fragestellung nach einem Klassenwechsel zeigt sich positiv, da seine Freunde, mit denen er ohnehin immer in der Pause spiele, auch die zweite Klasse besuchen. Er zeigt sich freudig und aufgeregt darüber, eventuell mit seinen Freunden eine Klasse besuchen zu dürfen.

6. Testpsychologische Untersuchung

In Anbetracht der aufgezeigten Situation wird die Durchführung eines bzw. mehrerer Intelligenztests in Betracht gezogen, um eine etwaige und von der Lehrerin vermutete Hochbegabung bzw. gesteigerte Intelligenz im Vergleich zu gleichaltrigen Kindern entweder zu bestätigen oder auszuschließen.

6.1 Beschreibung der ausgewählten Testverfahren

Im Folgenden sollen die hier Anwendung findenden Testverfahren beschrieben werden um feststellen zu können, ob diese Testformen messen, was gemessen werden soll und ob die Gütekriterien zur Gänze erfüllt sind. Da der Intelligenzquotient ein Vergleichsmaß ist, setzt er letztendlich die individuelle Leistung in Relation zur Leistung Gleichaltriger.

6.1.1 Hamburg-Wechsler-Intelligenztest für Kinder

Der Hamburg-Wechsler-Intelligenztest für Kinder wird angewendet, um die Intelligenz des betreffenden Kinds zu ermitteln. Die Wechsler-Tests eignen sich vor allem, um dieselbe Person immer wieder zu testen ,etwa, um die Fortschritte eines Kinds unter einer Intervention beobachten zu können.

Der Hamburg-Wechsler-Intelligenztest für Kinder ist anwendbar für Kinder und Jugendliche im Alter von sechs bis 16 Jahren, die Gesamtdauer beträgt etwa 60 bis 75 Minuten. Der Test ist zudem gegliedert in einen Verbal- und einen Handlungsteil.

6.1.2 Stanford-Binet-Test

Der Stanford-Binet-Test wird hauptsächlich zur Feststellung des Intelligenzquotienten von Kindern und Jugendlichen verwendet, weswegen dieses Testverfahren auch hier Anwendung findet. Mithilfe des Tests können nicht nur IQ-Schätzungen für normal intelligente Kinder und Jugendliche getroffen werden, sondern auch für Hoch- oder Minderbegabte. Der Stanford-Binet-Test umfasst altersspezifische Testvarianten.

6.1.3 Kaufman-Assessment Battery for Children

Der Kaufman-Intelligenztest wird häufig in den Bereichen Allgemein- und Erziehungspsychologie angewendet; es handelt sich hierbei um einen Individualtest, der die kristalline und fluide Intelligenz mithilfe von jeweils vier Untertests ermitteln soll. Der Kaufman-Assessment Battery for Children wurde für Kinder von zwei bis 12 Jahren gestaltet und ist daher anwendbar auf das hier thematisierte Fallbeispiel. Die Gliederung unterteilt sich in einzel- und ganzheitliche Fähigkeiten und Fertigkeiten.

6.2 Testgütekriterien

Die aufgeführten Intelligenztests, die im Zuge des Fallbeispiels angewendet werden können, entsprechen den Voraussetzungen zur Erfüllung der Gütekriterien. Diese umfassen Objektivität, Reliabilität und Validität und sollten möglichst gleichermaßen erfüllt sein, damit ein psychologischer Test in der Diagnostik zur Anwendung kommt.

Die Objektivität ist dann erfüllt, wenn das Testverfahren so eindeutig festgelegt ist, dass der jeweilige Test unabhängig von Faktoren wie Ort, Testleiter, Zeit oder Auswertung durchgeführt werden kann und trotzdem dasselbe Ergebnis zu erwarten ist. Die Objektivität unterteilt sich hierbei noch einmal in die Unterpunkte Durchführungs-, Auswertungs- und Interpretationsobjektivität, um die allgemeine Objektivität zu gewährleisten.

Die Reliabilität eines Tests ergibt sich durch die Genauigkeit, mit der gemessen wird; so spielt die Homogenität der Stichprobe eine erhebliche Rolle.

Die Validität beschreibt die Gültigkeit eines Tests bzw. dessen Ergebnisse, die daraus gewonnen werden und fragt beispielsweise nach den Testbedingungen, die während der Erhebung herrschen.

Die hier aufgeführten Testverfahren (Hamburg-Wechsler-Intelligenztest für Kinder, Stanford-Binet-Test und Kaufman-Assessment Battery for Children) entsprechen alle den Gütekriterien und weisen somit eine gute Objektivität, Reliabilität und Validität auf und sind somit für die Durchführung eines Testverfahrens zur Ermittlung der Intelligenz geeignet.

7. Zusammenfassung

Der siebenjährige Leon hat Schwierigkeiten, dem Unterricht konzentriert und aufmerksam zu folgen, da ihn die ständigen Wiederholungen langweilen. Aus diesem Grund stört er vermehrt den Unterricht, indem er den Klassenclown spielt und anderen Mitschülern die Antworten auf Aufgaben nennt. Leon beherrscht bereits das kleine Einmaleins und konnte bereits vor Beginn der ersten Klasse lesen. Dennoch benötigt er unangemessen viel Zeit, um seine Hausaufgaben zu erledigen, obwohl im die Aufgaben leicht fallen. Leons Klassenlehrerin empfiehlt aufgrund dessen die Testung auf eine etwaige Hochbegabung und im Zuge dessen gegebenenfalls einen Wechsel in die nächsthöhere Klassenstufe, womit auch Leons Mutter einverstanden ist. Zuhause ist Leon wissbegierig, interessiert daran, Neues zu lernen und interessiert sich für Schach und Computer.

Die aufgeführten Interventionsmöglichkeiten in Form von Intelligenz- bzw. Leistungstests ermöglichen eine genaue Aussage darüber, wie weiter verfahren werden soll, ob ein Klassenwechsel sinnvoll wäre und ob Leon im Unterricht tatsächlich aufgrund einer Hochbegabung unterfordert ist, oder ob es sich hierbei um ein normal intelligentes Kind handelt, das Anzeichen eines Overachievers zeigt.

8. Einschätzung des Lernerfolgs im Bereich der psychologischen Diagnostik

Den Lernerfolg des Moduls *Psychologische Diagnostik und Testverfahren* stufe ich als sehr positiv ein, da ein sehr umfassender und klarer Einblick in den Bereich der psychologischen Diagnostik geboten und auch verschiedene Testverfahren eindrücklich und anschaulich dargestellt wurden. Den Einblick in die Funktion und den Aufbau der verschiedenen Testverfahren empfand ich als sehr lehrreich, ebenso wie die Erkenntnis, dass Testverfahren genau nach Vorgabe durchzuführen sind, um ein entsprechendes Ergebnis zu erzielen. Auch die Auseinandersetzung mit Tests, die die Gütekriterien wenig oder nicht erfüllen, war interessant und lehrreich.

9. Literaturverzeichnis

Beauducel, A., Leue, A. (2014) *Psychologische Diagnostik.* Hogrefe Göttingen

Gerrig, R. (2015) *Psychologie.* Pearson Hallbergmoos

Hussy, W., Schreier, M., Echterhoff, G. (2013) *Forschungsmethoden.* Springer-Verlag Berlin Heidelberg

Schmidt-Atzert, L., Amelang, M. (2012) *Psychologische Diagnostik.* Springer Verlag Berlin Heidelberg

Schneider, W., Lindenberger, U. (Hrsg.) (2012) *Entwicklungspsychologie.* Beltz Verlag Weinheim Basel

BEI GRIN MACHT SICH IHR WISSEN BEZAHLT

- Wir veröffentlichen Ihre Hausarbeit, Bachelor- und Masterarbeit

- Ihr eigenes eBook und Buch - weltweit in allen wichtigen Shops

- Verdienen Sie an jedem Verkauf

Jetzt bei www.GRIN.com hochladen und kostenlos publizieren